ROBERT HYENNE

RÉPONSE D'UN RADICAL

AUX RÉPUBLICAINS DE VAUCLUSE

(Extrait de la *DÉMOCRATIE DU MIDI*)

> Laissez-là les discussions individuelles, et faites-les servir à la cause publique.
>
> DANTON.

AVIGNON
IMPRIMERIE ADMINISTRATIVE GROS FRÈRES
Rue Géline, Nos 5 et 5

1872

RÉPONSE D'UN RADICAL

AUX RÉPUBLICAINS DE VAUCLUSE

I

A l'heure triste où la République, comme une citadelle qui ne veut pas se rendre, est battue en brèche par tous les partis monarchiques, où les intérêts vitaux du pays sont en jeu, où la France en détresse peut sombrer dans la lutte, — où le devoir de tous ceux qui tiennent une plume est de la consacrer exclusivement, de l'employer sans cesse à la défense de la liberté et du droit, c'est-à-dire de la République démocratique, de la République républicaine ; — à cette heure suprême et décisive, il nous faut détourner nos regards de la patrie en deuil occupée encore par l'ennemi, de la République en péril entre la fureur des uns et l'inertie des autres, pour les reporter, hélas !

sur nous-même. Humble soldat de la démocratie, républicain de vieille date, n'ayant jamais varié, jamais fléchi, ayant en revanche toujours lutté, toujours souffert, il nous faut déserter un moment le champ du vrai combat pour faire face à des adversaires (ils se prétendent républicains !) qui nous font descendre malgré nous sur le terrain étroit des personnalités ; il nous faut user nos forces à repousser des calomnies intéressées, lorsque la République, colomniée elle aussi par tous les monarchistes, a tant besoin des efforts incessants, du dévouement absolu de ceux qui peuvent se dire à bon droit ses enfants. Nous défendre quand elle est violemment attaquée, combattre pour nous quand il faudrait mourir pour elle, voilà l'obligation qu'on nous crée, le rôle qu'on nous impose. Eh bien, dans la situation que nous subissons, ce rôle, c'est un devoir encore pour nous de l'accepter. Si humble que nous soyons, si petite place que nous occupions, que ceux qui nous détournent pour un instant de plus hauts devoirs en portent devant l'opinion publique la responsabilité !

A vrai dire, s'il ne s'agissait que de nous, si la question n'allait point au-delà, nous laisserions certainement de côté des injures personnelles qui ne sauraient nous atteindre; notre honneur est au-dessus des imputations calomnieuses de gens qui nous attaquaient il y a cinq mois sans avoir le courage de signer leurs outrages, qui nous attaquent aujourd'hui en faussant impudemment la vérité. Il y a cinq mois, nous répondions par le dédain. Aujourd'hui, nous devons une réponse différente, non pas au *Progrès du Midi*, que nous ne reconnaissons pas pour juge, lui qui s'est fait accusateur public, mais à l'opinion souveraine, à la démocratie que nous respectons et de qui seule nous relevons.

Aussi bien est-ce contre elle plus encore que contre nous qu'on s'acharne. On ne s'en prend à nous, à notre plume, que parce qu'on pense détruire, — on l'a dit tout haut, — le journal qui est reconnu partout comme l'organe radical du parti démocratique, le journal qui depuis que nous y sommes n'a pas cessé de prouver qu'il appartient absolument à ce parti, qu'il est en toute occasion son arme de défense toujours prête et toujours fidèle. C'est pour la démocratie que nous en avons accepté la rédaction en chef, que nous en avons pris la direction politique, que nous le défendons et le défendrons encore de toute notre énergie, tant que la démocratie de Vaucluse et d'ailleurs, comme elle l'a fait jusqu'à présent, voudra nous y aider.

II

PROCÉDÉS ET PROCÉDÉS

Ce que nous allons écrire est de l'histoire.

Nous retracerons les faits avec toute la simplicité et la précision qui sont le cachet de la vérité. Nous reprendrons les prétendus arguments de nos adversaires, nous y opposerons les nôtres : citations pour citations. A côté de ce qu'on se plaît à produire, nous montrerons ce qu'on a eu soin de laisser dans l'ombre. Nous ne descendrons point dans l'arène des personnalités : les injures ne sont pas des raisons. Nous nous respectons trop, nous respectons trop le public, à qui nous nous adressons, pour cesser d'être digne et de parler le langage qui convient à notre cause.

Le rédacteur en chef du *Progrès* — qui, on le verra, ne lit pas les journaux avec plus d'attention que le code — est allé dans la Loire chercher la collection du *Courrier de Saint-Étienne*, grand et beau journal tué sous nous, pour nous en écraser ; on lui a sans doute envoyé de Paris le *Moniteur de la Mode*, pauvre petite feuille qui, exclusivement littéraire et ne paraissant que trois fois par mois, ne devait guère s'attendre à l'honneur de jouer un rôle politique. Nous n'avons pas eu besoin d'aller si loin. Si le rédacteur en chef du *Progrès* se fût adressé à nous, en mettant ces documents et bien d'autres à sa disposition, comme nous les mettrons à la complète disposition du public (nous les transporterons dans les Cercles et les étalerons au besoin sur la place publique), nous lui aurions évité la peine de faire des extraits sans valeur aucune, n'ayant pas le moindre caractère politique ou n'émanant pas de nous. Il est vrai que nous lui aurions enlevé du même coup toute possibilité d'interprétation calomnieuse, et qu'il eût été plus mal venu encore qu'il ne l'est à user de supercherie, même à faire de véritables faux pour nous accabler.

On verra ce qui doit en rester.

III

LA POLÉMIQUE

Les origines de la polémique qui existe entre la *Démocratie du Midi* et le *Progrès* sont connues. La lutte électorale engagée au mois d'octobre dernier, pour la nomination des conseillers généraux, avait mis en présence les deux feuilles : le résultat, écrasant pour les candidats du *Progrès*, qui n'avaient pu recueillir que 420 voix, avait donné à la *Démocratie* une majorité considérable et montré de quel côté était l'opinion. Le bruit de la lutte s'était éteint, lorsque, grâce au nouveau rédacteur en chef du *Progrès*, s'est élevée une discussion relative au principe de l'égalité devant la loi. Nous avons été forcé de qualifier sévèrement les procédés de ceux qui nous obligent à les traiter d'adversaires ; nous l'avons fait sans toucher aux personnes, sans prononcer le nom de qui que ce soit. Le rédacteur en chef du *Progrès* a voulu prendre pour lui des traits qui ne visaient que les procédés : c'est son affaire ; il nous a violemment apostrophé et calomnié : c'est la nôtre. Nous la vidons en ce moment.

Une autre discussion s'est mêlée à celle que nous venons d'indiquer. M. Taxile Delord, député de Vaucluse, a publié, dans les colonnes tout au moins complaisantes (nous sommes parlementaire, on le voit) du *Progrès du Midi*, un manifeste en complet désaccord avec la pensée et les vœux de ceux qui l'ont envoyé à la Chambre. Les principes étaient attaqués, nous les avons défendus. M. Delord est député, c'est-à-dire élu : à ce titre, il nous appartient. Inviolable à l'Assemblée, il ne saurait l'être devant le suffrage universel, que la presse représente. Nous l'avons discuté : ce n'était pas seulement notre droit, c'était notre devoir.

Au lieu de nous répondre sur le terrain élevé où nous nous étions placé, qu'a-t-on fait ? On est allé chercher, aux plus mauvais jours de l'empire, alors que la presse bâillonnée était trop heureuse de pouvoir exhaler un faible souffle, les journaux que nous rédigions en sous-ordre ; on en a tiré des extraits au bas desquels on a placé notre signature ; on a falsifié des dates pour se donner l'occasion de faire un rapprochement odieux ; on ne s'est pas borné là, comme on le verra tout à l'heure, et quand tout a été bien préparé, bien agencé, bien organisé pour faire croire aux naïfs que nous avions mis dans nos poches les tours de Notre-Dame, on a répandu à profusion, dans les cercles, les cafés de la ville, sans oublier les campagnes, les numéros du *Progrès du Midi* qui contenaient le poison. Voilà ce qu'on a fait, sans prendre garde qu'on copiait honteusement les procédés mêmes de l'empire.

En résumé, d'après nos adversaires, nous voilà transformé tout à coup en « ex-écrivain bonapartiste », la pire des hontes ! Nous ne sommes pas un homme politique, mais « un simple écrivain, dont la plume est au service de celui qui la paye ». Le « radicalisme des convictions et la probité politique » nous manquent complètement. Nous serions « prêt à recommencer si Napoléon III revenait ». Etc., etc. Secouons cette boue sans nous occuper de savoir sur qui elle retombera, et voyons ce que tout cela vaut.

IV

UN JOURNAL SOUS L'EMPIRE

En 1862, époque de notre arrivée à Saint-Etienne, de notre début dans la presse politique (nous avions alors vingt-sept ans), deux journaux existaient au chef-lieu du département de la Loire : l'un, le *Mémorial de la Loire*, était l'organe patenté de la préfecture, c'est tout dire ; l'autre, le *Courrier de Saint-Etien-*

ne, était un journal indépendant, dont la création n'avait été autorisée par le ministère Persigny que parce qu'il entrait dans son programme de combattre le parti légitimiste et clérical, tout puissant alors dans la Loire. On verra bientôt que là ne se bornait pcint son programme. L'antagonisme violent qui ne cessa d'exister entre les deux feuilles, — et qui, au lendemain des élections de 1863, se traduisit pour nous personnellement par un duel avec le rédacteur en chef du *Mémorial,* — témoigne de l'attitude du *Courrier* et de la fermeté du journaliste qu'on accuse si violemment aujourd'hui.

Le *Courrier de Saint-Etienne* avait pour « propriétaire-gérant, directeur, rédacteur en chef et imprimeur » un seul et même homme, et l'on retrouve toutes ces qualifications sur les numéros cités par le *Progrès du Midi.* Quel était donc notre rôle ? Celui d'un secrétaire de rédaction, chargé de faire la « cuisine » d'un journal contenant deux fois plus de matière que le *Progrès.*

A cette époque, la loi Tinguy florissait avec une vigueur exceptionnelle : le *Cour-*

rier l'apprenait à ses dépens par des poursuites pour oubli de signature au bas d'articles insignifiants. Comme secrétaire de la rédaction, c'était à nous qu'incombait le devoir de signer des articles qui nous étaient étrangers, mais dont il fallait que quelqu'un, par un dévouement dangereux et avec une abnégation méritoire, voulût bien assumer la responsabilité *légale*. Nous avons été ce quelqu'un. Nous l'avons payé cher, et nous nous en faisons honneur.

Le numéro qui porte la date de notre arrivée à Saint-Etienne est celui du 30 mai 1862. Ce jour-là, pour marquer la présence d'un nouveau collaborateur destiné à devenir le principal rédacteur du journal, le directeur du *Courrier*, fort de ses sentiments et de notre adhésion, avait exceptionnellement signé de notre nom son bulletin politique. Ce n'était point d'ailleurs sans raison qu'on indiquait ainsi un changement de rédaction, — pour des raisons de sûreté on ne pouvait le faire plus clairement, — car, à partir de ce moment, le journal, grâce à nous, accentuait de plus en plus sa politique d'opposition libérale (on n'eût pas osé dire alors républicaine) et démocratique.

Cela dit, abordons les citations du *Progrès du Midi.*

V

PREMIÈRE FALSIFICATION

C'est dans le numéro du 15 juillet 1862, — c'est-à-dire deux mois et demi après notre arrivée et seulement un mois après le premier article sorti de notre plume, — qu'on trouve le premier extrait découpé par le *Progrès.*

Il s'agit d'une visite des *Enfants de la Loire* (Cercle musical) à Vichy, où se trouvait l'empereur. Le compte rendu, qui n'a rien de politique, en est placé en tête de la chronique locale et débute ainsi :

« On nous communique quelques détails intéressants sur la visite... » Etc.

Ce « on nous communique » indique surabondamment que l'article n'émane pas de la rédaction du *Courrier.* Mais le *Progrès* a besoin de nous l'imputer, et pour faire croire qu'il est de nous, que fait-il ? Une falsification ! Il saute par dessus une douzaine d'autres entrefilets composant la chronique et, pour la plupart empruntés à des journaux de Lyon ; il découvre une signature collective ainsi conçue :

« Pour toute la chronique locale : ROBERT HYENNE. »

Il en détache simplement notre nom et, en le plaçant au bas de l'extrait qu'il cite, substitue à la *responsabilité légale* celle de la *paternité* qu'il nous force d'endosser. Est-ce là de la loyauté ?

Le *Progrès* eût tout aussi bien pu, par le même procédé, détacher un des faits divers groupés sous une signature collective identique à celle de la chronique locale et faire lire ce qui suit :

« — On lit dans le *Courrier des Etats-Unis* :

» Un cas singulier de bigamie s'est présenté dernièrement devant le tribunal de Lichtfield dans l'Iowa... Etc.

» ROBERT HYENNE. »

Mais le *Progrès* avait ses raisons pour préférer et choisir un fait relatif à l'homme fatal que naguère on était bien forcé de qualifier d'empereur.

—

Ouvrons une parenthèse.

Pour bien montrer à nos lecteurs l'abus que l'administration et le parquet nous obligeaient à faire de la signature, empruntons au numéro du *Courrier de Saint-Etienne* du 12 juin 1862 un exemple des plus frappants. Une longue correspondance du Mexique est ainsi conçue :

MEXIQUE

Extrait d'el verdadero Echo de Europa.
(Le véritable *Echo de l'Europe*).

Orizaba, 26 avril 1862.

. . . .
. . . .
. . . .

ROBERT HYENNE.

Plus curieux encore est le numéro du 2 novembre de la même année. Nous y trouvons, au bas d'une proclamation du général Forey, reproduite sans un mot de commentaire, notre signature précédée de ces mots : *pour extrait.* Quelle valeur avait, en pareil cas, en dehors de la loi, la signature du rédacteur ?

Nous demandons pardon à nos lecteurs de ces minutieux détails. Mais il importe de bien montrer, pour n'avoir plus à y revenir, combien sont peu excusables les procédés de citation du *Progrès*.

Encore, si ce n'était que cela !...

VI

DEUXIÈME FALSIFICATION

Le second extrait du *Courrier de Saint-Étienne*, dont le *Progrès* nous fait un grief, est le compte-rendu de la visite du couple impérial au sieur de Persigny. Mais ici nous nous voyons contraint (de cela aussi nous demandons pardon à nos lecteurs) de citer textuellement le *Progrès* :

« Quel est le jour, dit-il, que M. Robert Hyenne choisit pour célébrer l'aventurier bonapartiste qui avait préparé les fusillades de 1851 ? Le 2 *Décembre* ! C'est le 2 *Décembre* que M. Hyenne ose parler... » Etc.

Suit une tirade violemment indignée et pleine d'un dégoût bien légitime de la part d'un écrivain qui a été simplement le collaborateur *rémunéré* (nous ne lui en faisons pas un crime) de M. Pascal Duprat, du représentant qui a eu, en 1848, l'insigne honneur de réclamer la proscription des vaincus.

—

Enfin, c'est le 2 Décembre ?...

Le *Progrès* l'affirme trop haut, par la plume de son rédacteur en chef, qui n'a jamais failli, — pour que cela ne soit pas. Et le lecteur du *Progrès* de crier aussitôt à la trahison en demandant notre tête. « — Donnez-moi trois lignes de la main d'un homme, disait Voltaire, et je le ferai pendre. » Il ne faut au *Progrès*, pour arriver au même résultat (voilà un vrai progrès) qu'une simple date. Le 2 *Décembre !*

Eh bien, non !

CE N'EST PAS LE 2 DÉCEMBRE.

Cette fois encore, pour les besoins de sa cause, le rédacteur en chef du *Progrès* a dénaturé les faits. Il lui fallait une tirade à effet : il l'a amenée. Comment ? En *falsifiant* une date !!!

—

Deuxième parenthèse

(Nous rappelons que, dès à présent, nous tenons à la disposition du public la collection tout entière du *Courrier de Saint-Etienne.*)

—

Nous avons parcouru avec une scrupuleuse attention le numéro du 2 décembre 1862. Nous n'y avons pas trouvé trace de l'article incriminé.

En revanche, nous y avons relevé un énergique entrefilet de NOUS que s'est bien gardé d'y voir le *Progrès*. Nous y félicitions, à propos de l'infortunée Rosalie Doize, le ministre de l'intérieur d'avoir révoqué le gardien-chef de la prison d'Hazebrouk et la surveillante du quartier des femmes. Déjà, d'accord avec le *Progrès de Lyon*, nous avions ouvert pour Rosalie Doize une souscription à 25 centimes, dont un peu plus tard nous versions le produit au *Siècle*.

Or, il y avait bien quelque courage de notre part à nous montrer énergique ce jour-là : car, la veille, nous avions reproduit le texte d'un avertissement infligé, sur cette même question, au *Phare de la Loire*, et quelques jours plus tard le gouvernement interdisait cette souscription.

Nous avons également parcouru avec attention le numéro du 3 décembre 1863 (nous n'avons pas vu s'écouler d'autre 2 décembre à Saint-Etienne que ceux de 62 et 63). Nous n'y avons pas davantage trouvé trace de l'article incriminé.

En revanche, nous y avons relevé des pièces qui démontrent de quelle singulière façon et jusqu'à quel point nous étions alors bonapartiste.

Mais nous aborderons tout à l'heure ce point important.

Quant à l'article cité par le *Progrès*, il n'est pas du 2 décembre ; il... (nous avons eu de la peine à le découvrir et cela n'a pas peu contribué à retarder notre réponse !) il est du 2 NOVEMBRE 1862 !

Le *Progrès* en sera quitte pour rectifier, n'est-ce pas ? Oui, mais la tirade a été lue ; la calomnie a fait son chemin. C'est, sans doute, tout ce qu'il demandait !

VII

Cependant, examinons l'article.

Nous le trouvons, dans le *Courrier*, à la suite d'un extrait du *Moniteur*, alors officiel. Cet entrefilet, manifestement emprunté à un journal de Paris, est intitulé :

Visite de l'empereur et de l'impératrice

A CHAMARANDE

. . . .

Signé : Robert Hyenne.

Mais sont également signés ainsi, dans ce même numéro :

Plusieurs faits-Paris coupés dans divers journaux ;

De simples dépêches de l'agence Havas (!) datées de Marseille et résumant des lettres de Constantinople et d'Athènes ;

Le texte pur et simple de la proclamation Forey, déjà citée, avec la légende *pour extrait* ;

Le bulletin de l'étranger à deux endroits (! !), quoique déjà couvert en partie par le nom d'un autre rédacteur ;

Enfin, la chronique locale, avec l'inévitable formule collective que le *Progrès du Midi* simplifie si facilement pour les besoins de sa cause. Nous le demandons encore : quelle valeur, en pareil cas, peut avoir, en dehors de la loi, la signature du rédacteur ?

—

Ce jour-là, le Bulletin politique commence par une appréciation des conséquences de la proclamation Forey, qui édifiera nos lecteurs sur l'attitude du *Courrier*. Nous disions :

« C'est un grave échec pour la presse officieuse (*nous n'en étions donc pas !*) et c'est un triomphe pour la presse libérale (*nous en étions donc ? On va voir avec qui !*) Nous pensons comme le PHARE DE LA LOIRE... (Oui, comme le *Phare de la Loire,* qui pas plus que nous n'avait alors le pouvoir de substituer impunément, en parlant de la presse, l'épithète de « républicaine » au mot « libérale ».)

Cette fois encore, la presse libérale aura fait preuve d'un vrai patriotisme... Les vaines clameurs, les pauvres délations des journaux maladroitement complaisants ne l'auront pas intimidée. »

Ainsi parlait alors le journal que le *Progrès* traite de bonapartiste. On verra plus loin comment l'empire appréciait et traitait ce bonapartisme-là !

—

Ce même jour, dans la chronique locale, sous *notre* signature collective, nous relevons encore un petit entrefilets emprunté au *Constitutionnel* et qui prouve, par induction, que l'extrait dont nous gratifie le *Progrès* ne saurait nous être imputé. Il s'agit de quelques détails sur Chamarande que nous reproduisons, disions-nous, parcequ'ils sont intéressants pour nos lecteurs de la Loire. Ils rappellent, en effet, que le nom de Chamarande est emprunté à un château situé en Forez, dans la commune même où était né le fidèle Fialin. Un point d'histoire à fixer : tel était donc notre unique motif.

Ainsi le seul reproche que pourrait faire décemment le *Progrès* au *Courrier* serait de n'avoir pas indiqué la source de l'article incriminé. Mais le *Progrès* sait bien que, s'il nous avait fait ce reproche, nous le lui aurions trop facilement renvoyé — avec usure !

VIII

NOTRE BONAPARTISME

Revenons au 2 décembre 1863.

Ce jour-là, à défaut de l'article banal publié le 2 novembre 1862, nous trouvons dans le *Courrier de Saint-Etienne* :

1° Le texte de deux avertissements infligés à la *Nation* et à la *Gazette du Midi*, pour discussion des débats du Corps législatif.

2° Le texte d'un arrêté ministériel suspendant pour deux mois le *Progrès de Lyon*.

Le jour même, nous annonçons que, d'accord avec notre confrère, nous servirons ses abonnés jusqu'au jour de sa réapparition. Nous faisons plus : nous donnons asile à sa rédaction.

Le *Progrès de Lyon* eût-il accepté un tel service d'une feuille bonapartiste ? Il serait ridicule de le soupçonner.

Ajoutons que ce service n'était pas pour nous sans danger : le 27 novembre, en effet, c'est-à-dire quatre jours auparavant, le *Courrier de Saint-Etienne* avait reçu lui-même un avertissement ; la *Gazette de France* aussi. Et le *Messager de Bayonne* avait été également frappé.

Enfin, le même jour, nous avions reçu le texte d'un arrêt de la cour de cassation qui nous relevait de la suppression indûment prononcée contre nous par la Cour de Lyon le 24 août 1863, mais en nous renvoyant (Robin, gérant, et Hyenne, rédacteur) devant la Cour de Dijon pour être jugés à nouveau.

D'où il suit que, du 24 août à la fin de novembre 1863, nous étions *en état de suppression* pour un de *nos* articles.

Et pourtant nous étions bonapartiste ?.. C'est le *Progrès* qui le dit !

—

Eh bien, dans notre bonapartisme, voici ce que nous écrivions le 29 novembre 1863 :

REVUE DE LA PRESSE

La *France* continue de faire des alinéas en gros caractères, pour essayer de démontrer qu'il n'y a plus de partis possibles en France. M. de la Guéronnière, sénateur, et probablement très satisfait de l'être, enguirlande des phrases autour de cette idée qu'il ne doit plus y avoir d'opposition dans les Chambres ni d'opinions hostiles dans le pays.

Laissons-là toutes les réclames ridicules de la *France*, dont le bon sens public fait justice. Aussi bien, il est impossible aux journaux indépendants de discuter une feuille qui, de parti pris, considère comme de funestes inspirations toutes celles qui sont contraires au gouvernement. Quand on se place, pour combattre, sur un terrain où vos adversaires ne peuvent vous suivre, il ne faut pas s'étonner d'y rester seul. Mais que la *France* se place sur le terrain du droit et de la liberté, qu'elle demande avec nous la mise en pratique des principes de 89, en tête desquels se trouvent la liberté de la presse, le droit de réunion, et nous pourrons nous entendre. Hors de là, jamais.

Nous en dirons autant aux autres feuilles officieuses de Paris et de la province qui parlent sans cesse de conciliation, sans rien faire pour la rendre possible; au contraire !

Robert Hyenne.

Nous recommandons particulièrement ces trois dernières lignes au *Progrès du Midi*.

IX

DE PLUS EN PLUS BONAPARTISTE.

On nous fait encore un procès !

Ainsi commence — sous notre signature, individuelle cette fois — la chronique locale du 25 août 1864, non citée par le *Progrès*.

On nous fait encore un procès !

... Cette fois, *quatre* personnes sont impliquées dans ce procès : M. Brunoy, comme auteur de la correspondance ; M. Robert Hyenne, comme auteur de la chronique locale ; M. Ladry, comme gérant responsable ; et enfin M. Ch. Robin, comme imprimeur...

Les délits reprochés sont : excitation *à la haine et au mépris du gouvernement*, attaques contre le respect dû aux lois et l'inviolabilité des droits qu'elles ont consacrés, *appel à la révolution*, excitation à la révolte, imputations diffamatoires et outrages envers des corps constitués, des autorités et administrations publiques, etc., etc.

Robert HYENNE.

Et nous étions bonapartiste !..

O Bicêtre !

Troisième parenthèse

Il y a dans Avignon quelqu'un qui doit bien rire, s'il lit (?) les allégations du *Progrès* à notre égard.

C'est M. Moitessier, anciennement substitut du procureur impérial à Saint-Etienne, qui, chargé de requérir contre nous, sait certainement mieux que personne si c'est pour cause de bonapartisme qu'on nous poursuivait.

OPINION DU *Phare de la Loire.*

« On pourrait remplir un gros volume avec le récit des mésaventures judiciaires de nos confrères de la Loire. Il n'y a pas en France un bureau de rédaction où le papier timbré soit envoyé aussi fréquemment que dans le bureau où se rédige le *Courrier de Saint-Étienne.* Ce qui nous étonne, c'est qu'il reste aux journalistes et à l'imprimeur, dont la situation est ainsi menacée presque à tout instant, assez de sang-froid pour continuer leur œuvre. Nous n'intervenons pas entre eux et le parquet, mais nous avons au moins le droit d'exprimer le vœu que de nouvelles épreuves soient épargnées à ces publicistes libéraux. — E. MANGIN. »

Les vœux du *Phare de la Loire* furent vite exaucés : deux jours plus tard, de nouvelles épreuves nous étaient épargnées, du moins à Saint-Étienne, car nous nous trouvions dans l'impérieuse nécessité de cesser la publication du *Courrier de Saint-Étienne.*

X

Le dernier numéro du *Courrier*, au point de vue de notre bonapartisme, est caractéristique autant que curieux.

Un long article du rédacteur en chef, intitulé : *Nos adieux*, indique la ligne de conduite suivie, les tempêtes soulevées, et comment le navire désemparé s'en alla à la côte.

Ce n'est pas, dit celui qui écrit, que les sympathies du peuple nous fassent défaut. Elles sont grandes pour nous dans le département de la Loire, et nous avons le droit de nous en montrer fier. Mais ce sont ces sympathies mêmes qui ont augmenté l'irritation ou la peur, comme on voudra, de nos adversaires. On redoute notre influence, qui s'est particulièrement manifestée très éloquemment aux élections législatives de 1863, et comme notre journal est l'œuvre de cette influence, on s'en prend à la cause pour avoir raison de l'effet.

Quel crime irrémissible avons-nous commis ? Un bien grand, paraît-il, puisque la mort du *Courrier* peut seule l'expier.

C'est qu'aussi, en dehors du programme que nous avons exposé et suivi, nous avons eu l'étrange audace de vouloir créer, organiser, discipliner le *parti libéral et démocratique* dans la Loire.

... Parmi ceux qui affectent de suivre l'importance des élections libérales de 1863, il n'en est pas un peut-être qui doute que DANS CINQ ANS CE PARTI AURA LA FRANCE AVEC LUI ET SERA LA MAJORITÉ.

... Toute la question aujourd'hui est d'organiser la démocratie, dont on essaierait en vain de retarder l'avènement.

... La question est tranchée chez tous les peuples libres, il ne reste à la France qu'à saisir la solution et à se l'approprier dans la mesure de son génie. Mais pour atteindre ce but, qui doit assurer la prospérité et la gloire de notre pays, il faut que le suffrage universel fasse *table rase* de tous les hommes qui ne sollicitent l'honneur de représenter la nation que pour paralyser son essor démocratique, arrêter le développement des idées de progrès et de liberté.

Et c'est parce que nous avons combattu les hommes qui, selon nous, n'ont jamais professé les opinions libérales que nous voulions faire triompher ; c'est parce que, pour achever la révolution pacifiquement, nous ne voulions, comme représentants des intérêts de tous que des hommes de progrès et de liberté, qu'on nous a lancé tous les anathèmes et suscité tous les embarras sous lesquels nous restons écrasé.

Nous-même, dans ce numéro qui fut le dernier, après avoir résumé la situation politique, nous disions :

« Voilà un court aperçu de ce qui se passe en ce moment dans quelques-uns des pays classés parmi les plus civilisés. Que les optimistes se complaisent dans une satisfaction sans mélange, nous avons peine à le comprendre, mais ce n'est pas nous, du moins, qui les troublerons désormais. Est-ce à dire que nous désespérions du salut des peuples ? Bien au contraire. La liberté peut se faire longtemps attendre et se voiler à tous les yeux, mais c'est pour apparaître plus brillante *quand le moment sera venu*, et éclairer les nations de cette éternelle et bienfaisante lumière qui enfante le progrès.

« Robert HYENNE. »

Et plus loin, en tête de la chronique locale, nous terminions ainsi nos adieux :

« Avons-nous besoin d'ajouter que, *tant que nous tiendrons une plume*, elle sera consacrée à la défense du droit et à l'accomplissement de la tâche qui, pour tous les esprits libéraux de cette époque, constitue le devoir.

» Robert HYENNE. »

Le *Progrès*, s'il veut chercher, trouvera dans tous les journaux de province les plus avancés d'alors des expressions du genre de celles qu'il nous impute ; il ne trouvera pas, sous l'empire, de déclarations plus fermes, plus catégoriques, et surtout plus républicaines.

Or, lequel vaut le mieux, de la pureté des sentiments ou du purisme des mots ?

XI

Avançons maintenant rapidement.

Le *Progrès* nous jette à la tête le *Moniteur de la Mode*. Le *Courrier de Saint-Etienne*, journal politique, cela pouvait être sérieux ; le *Moniteur de la Mode*, petite feuille exclusivement littéraire, c'est puéril et ridicule.

Pourquoi écrivions-nous au *Moniteur de la Mode ?* Parce que nous sommes un travailleur; parce que l'empire ayant coulé le navire de haut-bord que nous montions, il nous fallait bien chercher un refuge sur une barque, voire sur le plus misérable radeau.

Le titre du *Moniteur de la Mode* indique ce qu'il est : une chronique mondaine, portant à l'étranger le tableau de nos modes afin de les propager partout et de favoriser ainsi au dehors le développement de toutes les branches de l'industrie française qui se rattachent à la toilette.

Les comptes-rendus de fêtes qu'on nous oppose, et qui ne contiennent pas *un seul mot* d'appréciation politique, sont tous empruntés à la *Liberté*.

Quand, au risque de faire supprimer ce journal, nous y avons glissé, avec toutes les précautions du monde, des appréciations un peu politiques, ç'a été non pour faire l'éloge de l'empire, mais pour rendre compte nous-même des œuvres de Victor Hugo, Michelet, Edgar Quinet, c'est-à-dire des républicains.

Quant à notre appréciation — non politique — sur l'élévation de Sainte-Beuve à la dignité de sénateur, était-ce celle-ci que nous prétendions chanter ? Non. D'accord avec tous nos confrères, nous nous félicitions pour les lettres d'une distinction accordée à l'un des nôtres, — un maître, — et Sainte-Beuve, que nous sachions, n'est point de ceux qui firent si mauvaise figure au Sénat.

Le *Progrès* nous reproche deux lignes non politiques. Nous n'avons point vu que, dans son puritanisme, il ait cru devoir blâmer l'illustre M. Louis Blanc d'avoir osé faire en pleine tribune, il y a quelques jours, l'éloge du comte de Paris. En revanche, nous l'avons vu faire de Mazzini une appréciation que pour tout au monde nous ne voudrions point avoir signée.

XII

Pourquoi, au lieu de fouiller dans les cancans sans importance du *Moniteur de la Mode*, — où nous nous bornions à reproduire les compliments adressés à l'élégance des toilettes de Mme Eugénie, — pourquoi le *Progrès* n'a-t-il point cité nos articles du *Charivari* et du *Rappel*, écrits à la même époque? On le comprend trop : c'est que ceux-là, vraiment sortis de notre plume, étaient foncièrement républicains, non-seulement républicains, mais radicaux. C'était l'expression énergique de la pensée d'un IRRÉCONCILIABLE.

Nous étions déjà loin du temps où M. Taxile Delord, que nous ne connaissions point personnellement, voulait bien, sur la prière d'un ami, M. Pierre Véron, nous trouver bon pour l'*Avenir national.*

—

Quatrième parenthèse

Mentionnons pour mémoire seulement l'inqualifiable procédé qui consiste à placer en tête des extraits qu'on nous attribue une sorte d'apologie impériale signée Xavier Eyma.

Comme si, dans un journal de modes, il pouvait exister une solidarité quelconque, au point de vue politique, entre les auteurs d'articles purement littéraires! C'est là un étrange perfectionnement des procès de tendance, digne des plus beaux jours de l'empire.

—

A cette époque encore, la Société des gens de lettres, dont nous avons l'honneur de faire partie, ne nous trouvait pas indigne de la représenter. Deux ans de suite, nous étions élu membre de son Comité. Par qui? Par la fraction républicaine de la Société. A ce titre, nous refusions de nous joindre à nos collègues invités à se rendre auprès du ministre de l'intérieur. C'est ainsi que, républicain, nous comprenions la dignité de notre rôle et le respect de ceux qui nous avaient donné leurs voix.

De tels faits pèsent plus que toutes les insinuations intéressées d'un adversaire, et nous n'aurions qu'à faire appel à la Société pour qu'un jury d'honneur en rendît un public et frappant témoignage.

C'était le temps aussi, cette période de 1864 à 1869, où nous refusions de nous associer avec le pauvre Vermorel pour fonder le *Courrier français*. Pourquoi? Parce qu'on le supposait alors en relations occultes avec le ministre Rouher.

Vermorel est mort. Mais ce fait était par nous raconté à M. Jules Simon, alors que le député républicain n'était pas encore devenu, par la grâce du 4 septembre, le ministre timide que nous connaissons.

II.

Passons à ces années fatales, 1870-1871.

Appelé par la confiance de nos amis, — à la tête desquels nous nous félicitons de compter M. Frédéric Morin, qui fut préfet de Saône-et-Loire, — à exercer dans ce département des fonctions administratives, nous y sommes resté jusqu'au jour où, cédant aux sollicitations des députés légitimistes, M. Ernest Picard, ministre de la République sans républicains, a bien voulu nous faire l'honneur de nous remplacer.

Alors M. Guigues de Champvans nous injuriait dans le *Journal de Mâcon* ; M. le marquis de la Guiche nous accusait d'avoir proclamé la commune à Charolles. Il n'était pas jusqu'au *Soir*, journal officieux, qui, apprenant notre arrivée à Versailles, ne dénonçât notre présence comme celle d'un homme bon à fusiller.

Les temps sont bien changés ! On ne nous dénonce aujourd'hui que comme bonapartiste !

—

Bonapartiste ! Ce mot, malgré nous, nous ramène à Saint-Etienne.

Pendant la guerre, nous fûmes envoyé en mission dans cette grande ville, que nous n'avions point revue depuis 1864.

Notre ex-bonapartisme nous valut un accueil que nous souhaitons à nos adversaires. Des hommes qu'ils connaissent se jetaient à notre cou. Les actionnaires de l'*Eclaireur*, — M. César Bertholon, préfet de la Loire, en tête, — nous suppliaient de rester et de prendre la rédaction en chef de ce journal.

Le devoir nous rappelait à Mâcon, MM. Frédéric Morin et Bertholon pourraient seuls dire quels sentiments de haute délicatesse nous empêchèrent de céder à ces pressantes sollicitations et aux propositions qui nous furent faites.

XIV

UN DOCUMENT

Nous pourrions, à l'appui de tout ce qu'on vient de lire, invoquer de nombreux témoignages. Nos amis du *Charivari*, du *Rappel*, nos confrères de la presse démocratique, un certain nombre de députés parmi lesquels ceux de Saône-et-Loire, diraient si nous sommes républicain ou bonapartiste, si nous sommes de ces écrivains qui se vendent, si l'on a politiquement une trahison ou un manque de conscience à nous reprocher. Un tel déploiement de preuves serait superflu.

Nous ne produirons, en terminant cette trop longue réponse à des attaques odieuses, qu'une seule pièce de conviction. C'est une lettre de Victor Hugo, écrite en 1864, à l'époque précisément où nous faisions « du bonapartisme » au *Courrier de Saint-Etienne*. Nous venions de subir en prison les peines édictées à la suite de deux condamnations pour délits de presse.

Voici ce que l'illustre auteur des *Châtiments* nous écrivait de Guernesey, à propos d'une étude, que nous rééditerons d'ici quelques jours, sur son livre *William Shakespeare* :

A M. Robert Hyenne, rédacteur du COURRIER DE SAINT-ETIENNE.

« Hauteville-House, 30 juin 1864.

» Monsieur,

» Vos articles sur le livre *William Shakes-*
» *peare* sont des lettres écrites par la prison

» à l'exil. Vous êtes comme moi un combat-
» tant, et je suis comme vous un philoso-
» phe. Aucun journal de Paris n'a publié
» de pages plus éloquentes que les vôtres. Je
» félicite le *Courrier de Saint-Etienne*, et je
» vous remercie. Vous traitez en maître les
» vraies questions, vous voyez haut et loin,
» votre pensée est grande et parle en beau
» style. Pendant qu'à propos de ce livre,
» d'autres journaux, soi-disant démocrati-
» ques, font semblant de se méprendre et
» rendent au gouvernement des services,
» vous, penseur, vous rendez des arrêts. Tel
» paragraphe de vos puissants et profonds
» articles a la rigueur d'une formule. C'est
» le propre des esprits complets d'être à la
» fois éloquents et précis.

» Cordial et généreux lutteur, je vous serre
» la main.

« VICTOR HUGO. »

Que pourrions-nous ajouter à cette lettre ?

Quoi ! lorsque Victor Hugo, à la table de qui nous étions assis il y a un mois, nous honore de son estime et de son amitié, — lorsque, comme lui, des hommes de la valeur d'Edgar Quinet, de Louis Blanc, de Michelet, d'Esquiros, de Frédéric Morin, de Lockroy et tant d'autres nous donnent, par l'envoi de lettres et d'articles, des témoignages si éclatants de leurs sympathies, — nous ferions plus longtemps attention aux attaques d'adversaires si petits et qui ne semblent avoir d'autre souci que de jeter la division dans le parti républicain?

Non, cela ne sera pas.

A partir de ce jour, quoi que puisse dire de nous le *Progrès du Midi*, nous ne répondrons plus un mot. Nous souvenant de la parole de Danton qui figure en tête de ces pages, nous nous renfermerons dans notre tâche républicaine, nous prendrons la démocratie tout entière à témoin de nos écrits et de nos actes, et nous laisserons ce juge suprême, la conscience publique, prononcer en dernier ressort.

ROBERT HYENNE,

Rédacteur en chef de la DÉMOCRATIE DU MIDI.

Avignon, le 15 mars 1872.

NOTE

—

Au paragraphe X, nous avons cité un extrait du *Courrier de Saint-Étienne* où il est dit que « l'influence du journal s'était particulièrement manifestée très éloquemment aux élections législatives de 1863. »

Il n'est pas sans utilité de dire de quelle manière.

C'est nous qui, alors, avons fait nommer député l'honorable M. Dorian. En même temps que sa candidature, nous soutenions (de là notre duel et l'un de nos procès), la candidature de l'honorable M. Fourneyron, ancien représentant de 1848. Il eût été élu, comme M. Dorian, sans une fraude manifeste opérée dans le vote d'un canton rural éloigné et qui, au dernier moment, lui enleva la majorité acquise.

Le concurrent de M. Dorian était le comte de Charpin-Feugerolles, candidat officiel et député depuis 1852.

Ce qu'il y a de plus curieux, c'est que, dans les élections de 1869, le *Courrier de Saint-Etienne* n'étant plus, le résultat obtenu par lui fut en partie détruit. M. Dorian dut se présenter dans une autre circonscription, et les efforts de l'*Eclaireur de Saint-Etienne*, auquel collaborait le rédacteur en chef actuel du *Progrès du Midi* ne parvinrent point à faire échouer, cette fois, M. de Charpin-Feugerolles, redevenu, candidat officiel comme devant.

R. H.

www.ingramcontent.com/pod-product-compliance
Ingram Content Group UK Ltd.
Pitfield, Milton Keynes, MK11 3LW, UK
UKHW032012260826
14628UKWH00005B/2450

9 782011 782106